MELODIE'S GOLDEN BOOK

für Akkordeon – for Accordion
pour l'accordéon

Die schönsten Melodien in leichtester Spielart
Favorite Tunes in Easy-to-play Arrangements
Les plus belles mélodies – faciles à jouer

Collected, Arranged and Edited by Herwig Peychär

2 107 491

EDITION MELODIE Anton Peterer • MUSIC AND BOOKS
Musik-Center Zürich Postfach 260 8049 Zürich Switzerland

MELODIE'S GOLDEN BOOK für Akkordeon, die wohl vielseitigste Sammlung für den Akkordeonspieler von heute, bringt Musik aus der grossen weiten Welt für jung und alt.

So ein faszinierendes Spielbuch gab es noch nie!

Die darin enthaltenen Melodien reichen von der Folklore über die allgemeine Unterhaltungsmusik bis hin zur Klassik. Der Akkordeonspieler wird auch die leichte Spielbarkeit der klangschönen Bearbeitungen zu schätzen wissen.

MELODIE'S GOLDEN BOOK für Akkordeon, die zeitlose und immer aktuelle Zusammenstellung für Leute von heute!

MELODIE'S GOLDEN BOOK for accordion, probably the most comprehensive collection for the modern accordion player, offers tunes from all over the world, for young and old alike.

This is the most fascinating music book ever!

There is something of everything in it – from folk and popular music to classical music. Harmonious settings have been specially arranged for ease of execution.

MELODIE'S GOLDEN BOOK for accordion – the collection for up-to-date people!

MELODIE'S GOLDEN BOOK pour accordéon, probablement la collection la plus compréhensive pour l'accordéoniste moderne, vous offre des mélodies pour jeunes et vieux, provenant du monde entier.

C'est le cahier le plus fascinant que l'on n'ait jamais trouvé!

Il y a de tout dedans – de la musique folklorique et populaire jusqu'à la musique classique. Les arrangements harmonieux ont été spécialement faits pour une exécution facile.

MELODIE'S GOLDEN BOOK pour accordéon – la collection pour les gens dans le vent!

Contents

Interpreten: Karel Gott, Peter Alexander, Freddy Quinn u. a.

Lang, lang ist's her

Long, Long Ago

Lied und Foxtrot

THOMAS BAYLY

Interpreten: Peter Alexander, Heino, Ernst Mosch, Maria und Margot Hellwig u. a.

Schneewalzer

Valse de la neige – Snow Waltz

Walzerlied

Tempo di Valse

THOMAS KOSCHAT

Interpreten: Janis Joplin, The Birds u. a.

Oh! Susanna

Lied und Foxtrot

Tempo di Foxtrot

STEPHEN C. FOSTER

Interpret: James Last und sein Orchester u. a.

Im Kahlenbergerdörfel

Le village de Kahlenberg – The Village Of Kahlenberg

Tempo di Polka française

PHILIPP FAHRBACH, jun.

Interpreten: Glenn Miller, Benny Goodman, John Denver u. a.

Jingle Bells

Glockenklang – Tintement de cloches

Lied und Foxtrot

Tempo di Foxtrot

JAMES PIERPONT

Interpreten: Julia Migenes, Ivan Rebroff, Nini Rosso u. a.

Schlafe, mein Prinzchen, schlaf ein

Dors, mon petit prince, dors – Sleep, My Little Prince, Sleep

Lied und langsamer Walzer

Tempo di Valse lento

BERNHARD FLIES

Interpret: Lou Reed u. a.

Good-Night Ladies

Gute Nacht, meine Damen – Bonne nuit, Mesdames

Lied und Foxtrot

Tempo di Foxtrot

TRADITIONAL

Interpret: René Kollo u. a.

Schenkt man sich Rosen in Tirol

Lied und langsamer Walzer
aus der Operette «Der Vogelhändler»

Cancan

aus der Operette «Orpheus in der Unterwelt»

Tempo di Cancan

JACQUES OFFENBACH

Interpret: Hans Carste u. a.

Poème

Gedicht

Tempo di Valse moderato

ZDENKO FIBICH

Aloha Oë

Lied und Foxtrot

Grossmütterchen

Petite Grand'mère – Little Grandmother

Tempo di Ländler moderato

GUSTAV LANGER

Interpreten: Rudolf Schock, Hermann Prey u. a.

Komm in die Gondel

aus der Operette «Eine Nacht in Venedig»

Walzerlied

JOHANN STRAUSS

Oh, My Darling, Clementine

Lied und Foxtrot

Interpreten: Peter Alexander, Heino u. a.

Freut euch des Lebens

Joies de la vie – Enjoy Life

Interpret: The Drifters Caravan u. a.

Red River Valley

Das Tal des roten Flusses – La vallée du fleuve rouge

Interpreten: Elvis Presley, Lale Andersen, Hans Albers, Heino, Freddy, Caterina Valente, Ivan Rebroff u. a.

La Paloma

Die Taube – La colombe – The Dove

Tempo di Tango

SEBASTIAN YRADIER

Melodie in F

Mélodie en Fa – Melody In F

Interpreten: Elvis Presley, Vico Torriani, Mario Lanza, René Kollo, Mireille Mathieu, Ivan Rebroff u. a.

Santa Lucia

Lied und langsamer Walzer

Triumph-Marsch

aus der Oper «Aida»

Interpret: Heino u. a.

Schön ist die Jugend

Walzerlied

Interpreten: The Lords, The Golden Gate Quartet u. a.

Glory, Glory, Hallelujah

The Battle Hymn Of The Republic

Tempo di Marcia

BLACK SPIRITUAL

Interpret: Der Montanara - Chor u. a.

Die Post im Walde

La poste au bois – Forest Post

Fantasie

HEINRICH SCHÄFFER, op. 12
(1808–1874)

Interpreten: The King's Singers u. a.

Beautiful Dreamer

Der schöne Träumer – Le beau rêveur

Lied und Foxtrot

Tempo di Foxtrot

STEPHEN C. FOSTER

Interpret: Heino u. a.

Ein Schifflein sah ich fahren

Tempo di Marcia

SEA SHANTY

Interpret: James Last und sein Orschester u. a.

Der Klarinettenmuckl

Bavardage de clarinette – Clarinet Chat

Tempo di Polka

TRADITIONAL

Fröhlicher Landmann

Le gai campagnard – The Happy Countryman

Vortragsstück

ROBERT SCHUMANN

Interpret: Heino u. a.

Caramba, Caracho, ein Whisky

Seemannsweise

er zu Don Fi - lip - po, o - ho, dem
Do
Sol
c c c c g g g g
C C C C G G G G
al - ten Spe - lun - ken - wirt: Ca -
La7
Ré7
f
a7 a7 a7 a7 d7 d7 d7
A A A A D D D
REFRAIN
ram - ba, Ca - ra - cho, ein Whis - ky! gluck, gluck, Ca -
Sol
G g G g G g G g G g G g G g G g
ram - ba, Ca - ra - cho, ein Gin! ver - flucht! Ver - flucht, Sa - cra -
Do
Sol
Ré7
C c C c C c C c G g G g G g G g D d7 D d7
men - to, Do - lo - res, und al - les ist wie - der
Ré7
D d7 D d7 D d7 D d7 D d7 D d7 D d7 D d7 D d7 D d7
1 gut! Ca -
2 gut! O - ho!
Sol
Ré7
Sol
G g G g G d7 D
G g G g G g G

Karneval in Venedig

Carnaval à Venise – Carnival In Venice

Tempo di Valse italienne

TRADITIONAL

Interpreten: Lonnie Donegan Group, The Lords, Chris Barber u. a.

Gloryland

Im Paradies – Le pays de la gloire

Interpreten: Don Kosaken Chor Serge Jaroff, Feodor Schaljapin, Django Reinhardt, Ivan Rebroff u. a.

Schwarze Augen

Occhi neri

Zigeuner-Romanze

Galopp

aus der Ouverture «Leichte Kavallerie»

Reiter-Marsch

FRANZ VON SUPPÉ

España-Walzer

Valse Espagnole – Spanish Waltz

Stephanie Gavotte

La gavotte de Stéphanie – Stephany Gavotte

Tempo di Gavotte (Nicht zu schnell)

ALPHONSE CZIBULKA

Mein Lebenslauf ist Lieb' und Lust

Ma vie n'est qu'amour et joie / A Merry Life

Walzerlied

JOSEF STRAUSS

Interpreten: Rudolf Schock, Peter Schreier, Peter Alexander, Heino, Die Wiener Sängerknaben, Mireille Mathieu u. a.

Ein Jäger aus Kurpfalz

Un chasseur de Kurpfalz / A Hunter From Kurpfalz

Marschlied

Interpreten: Olivia Newton - John, Roger Whittacker, The Lords, Liberace, Richard Clayderman u. a.

Greensleeves

English Waltz

TRADITIONAL

Interpreten: Los Paraguayos, Mantovani und sein Orchester u. a.

Mexikanischer Hut-Tanz

(Jarabe Tapatio)

Danse des chapeaux mexicains / Mexican Hat Dance

Tempo di Samba-Fox

TRADITIONAL

Menuett

Menuet / Minuet

JOHANN SEBASTIAN BACH
(1685-1750)

O alte Burschenherrlichkeit

Studentenlied

Probeseite aus – Epreuve de – Sample page from
«Ragtime Favoriten»

PEACHERINE RAG

By SCOTT JOPLIN

Dixie

Lied und Foxtrot

Träumerei

Rêverie / Reverie

ROBERT SCHUMANN
(1810—1856)

Moderato

Aura Lee

Lied und Foxtrot

Tempo di Foxtrot

TRADITIONAL

Interpret: Herbert von Karajan und die Berliner Philharmoniker u. a.

Die diebische Elster

La gazza ladra

Thema aus der gleichnamigen Ouverture

GIOACCHINO ROSSINI
(1792–1868)

Fa
F f f F f f F f f
Do7
C c7 c7
Do7
C c7 c7 C c7 c7 C c7 c7 C c7 c7 C c7 c7
Do7
C c7 c7 C c7 c7
Fa
F f f
Fa
F f f
Fa
F f f
Do7
C c7 c7 C c7 c7
Fa
F f f
Fa
F f f
Si♭
B♭ b♭ b♭
Do7
C c7 c7
Fa
F f f
Fa

Interpret: Heino u. a.

Schwarzbraun ist die Haselnuss

Marschlied

Da streiten sich die Leut' herum …

Hobellied

CONRADIN KREUTZER
(1780–1849)

Happy Birthday

Geburtstagslied

Tempo di Valse moderato TRADITIONAL

Stosst an ...

Trinklied

Tempo di Valse

TRADITIONAL

Ein Prosit!

Trinklied

Alle Vögel sind schon da

Marschlied

Walzer

aus dem Ballett «Coppelia»
Valse Lente From the Ballet «Coppelia»

Interpreten: Peter, Paul & Mary, Bob Marley, Simon & Garfunkel, Mahalia Jackson u. a.

Go Tell It on the Mountain

Interpret: Will Glahé u. a.

Schiffsjungentanz

Danse des mousses / Sailor's Dance

Pilgerchor

aus der Oper «Tannhäuser»

RICHARD WAGNER

Interpret: The Beach Boys u. a.

Sloop John B.

Interpreten: Freddy, Heino u. a.

The Drunken Sailor

Seemannsweise

SEA SHANTY

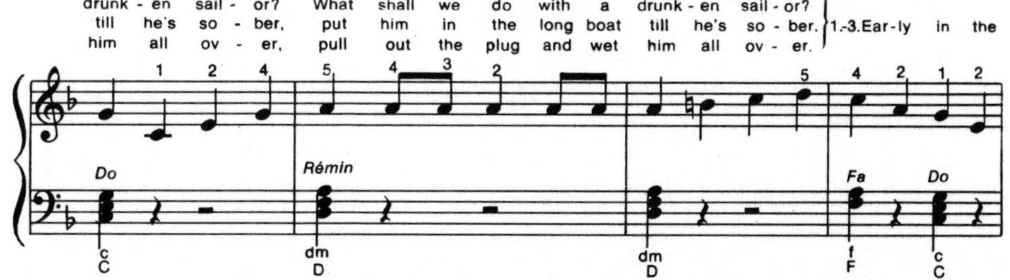

Interpreten: Ivan Rebroff, Peter Alexander, Don Kosaken Chor Serge Jaroff u. a.

Nächte in Moskau

Nuits à Moscou / Nights In Moscow

Tempo di Foxtrot (moderato)

RUSSIAN TUNE

Interpreten: Peter Alexander, Karel Gott, Heino u. a.

Heidschi Bumbeidschi

Interpreten: Rudolf Schock, Hermann Prey, Fischer Chöre, Heino u. a.

Ade zur guten Nacht

GERMAN FOLKSONG

Interpreten: Peter Alexander, Heino, Die Wiener Sängerknaben u. a.

Drunten im Unterland

Probeseite aus – Epreuve de – Sample page from
"Erste Weihnacht mit meinem Akkordeon"

Alle Jahre wieder

Wilhelm Hey (1837)

Friedrich Silcher (1842)
(«Aus dem Himmel ferne»)

2. Kehrt mit seinem Segen ein in jedes Haus,
geht auf allen Wegen mit uns ein und aus.

3. Geht auch mir zur Seite still und unerkannt,
daß es treu mich leite an der lieben Hand.

Interpreten: Hans Albers, Lale Andersen, Freddy Quinn u. a.

De Hamborger Veermaster

Seemannsweise

Carlotta-Walzer

aus der Operette «Gasparone»

KARL MILLÖCKER

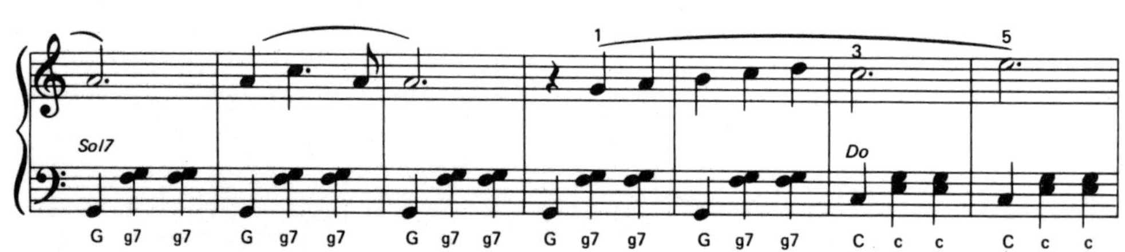

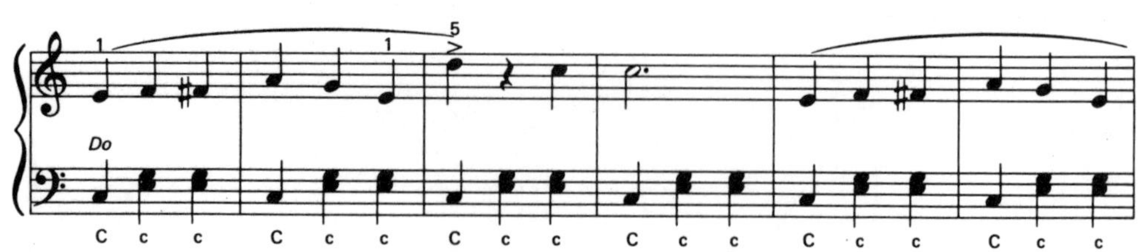

Sol Ré7 Sol Ré7
G g g G g g D d7 d7 D d7 d7 G g g G g g D d7 d7
Ré7 Sol Do
D d7 d7 g G C c c C c c C c c
Do Sol7
C c c C c c C c c G g7 g7 G g7 g7 G g7 g7
Sol7 Do
G g7 g7 G g7 g7 G g7 g7 G g7 g7 G g7 g7 C c c
Sol7 Sol7 Do
G g7 g7 G g7 g7 G g7 g7 G g7 g7 C c c c C

Interpreten: Hermann Prey, Heino u. a.

Auf de schwäb'sche Eisebahne

2. Auf de schwäb'sche Eisebahne
gibt's au viele Rest'ratione,
wo mer esse und trinka ka',
älles was der Maga mag.
Trula, trula . . .

3. Auf de schwäb'sche Eisebahne
dürfet Küh' und Ochse fahre.
Buebe, Mädle, Weib und Ma,
kurzum älls, was zahla ka'.
Trula, trula . . .

4. Wenn e Glöckle tut erklinge,
tän glei älle z'samma springe.
Älles, was e Karte hot,
möcht jetzt mit dem Bahnzug fort.
Trula, trula . . .

5. Männer, die im G'sicht ganz bärtig,
schreiet laut: „Jetzt ist es fertig".
Springet in die Wage nei,
machet Löchle in d'Karte nei.
Trula, trula . . .

6. Auf de schwäb'sche Eisebahne
wollt emol e Bäuerle fahre,
geht an d'Kass' und lupft de Hut:
„E Billettle, send so gut!"
Trula, trula . . .

7. Einen Bock hat er gekaufet
und daß er ihm net entlaufet,
bindet ihn der gute Ma'
hinte an de Wage na.
Trula, trula . . .

8. „Böckle, tu no wacker springe,
z'fresse werd i dir scho bringe".
Also schwätzt der gute Ma',
zünd't sei Maserpfeifle a'.
Trula, trula . . .

9. Als der Zug no wieder staut,
d'r Bauer noch sei'm Böckle schaut,
find't er bloß no Kopf und Seil
an dem hintre Wageteil.
Trula, trula . . .

10. 's packt de Baure a Baurezore,
nimmt de Geißbock bei de Hore,
schmeißt en, was er schmeiße ka,
dem Kondukteur an d'Aura na.
Trula, trula . . .

11. Des isch des Lied von sellem Baure,
der de Geißbock hat verlaure.
Geißbock und sei traurig's End':
Himmel Schtuegart Sapperment.
Trula, trula . . .

12. So jetzt wär des Liedle g'songe,
hot's euch reacht in d'Aure klonge,
stoßet mit de Gläser a'
auf's Wohl der schwäb'sche Eisebah'.
Trula, trula . . .

Interpreten: Elvis Presley, Les Humphries Singers, Mahalia Jackson u. a.

Joshua Fought the Battle Of Jericho

Die Schlacht von Jericho — La bataille de Jericho

BLACK SPIRITUAL

Interpreten: Rudolf Schock, Hermann Prey, Ivan Rebroff, Heino, Der Montanara - Chor u. a.

Am Brunnen vor dem Tore

Interpret: Glenn Miller u. a.

Little Brown Jug

TRADITIONAL

Galopp

aus der Operette «Pariser Leben»

JACQUES OFFENBACH
(1819–1880)

Mariechen sass weinend im Garten

Interpret: Harry Belafonte u. a.

Mary Ann

Tempo di Samba-Foxtrot

TRADITIONAL

Bela Bimba

ITALIAN FOLKSONG

Vermeland

SWEDEN FOLK TUNE

Holzschuhtanz

aus der Oper «Zar und Zimmermann»

Danse des sabots – Dance Of the Sabots

GUSTAV ALBERT LORTZING
(1801–1851)

Interpreten: Carter Family, Michael Landon u. a.

Careless Love

Sorglose Liebe – Amour sans souci

Alouette

Die Lerche — The Lark

Tempo di Marcia

FROM CANADA

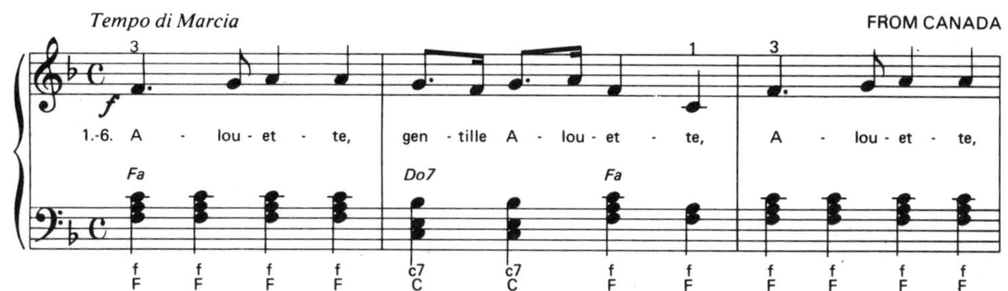

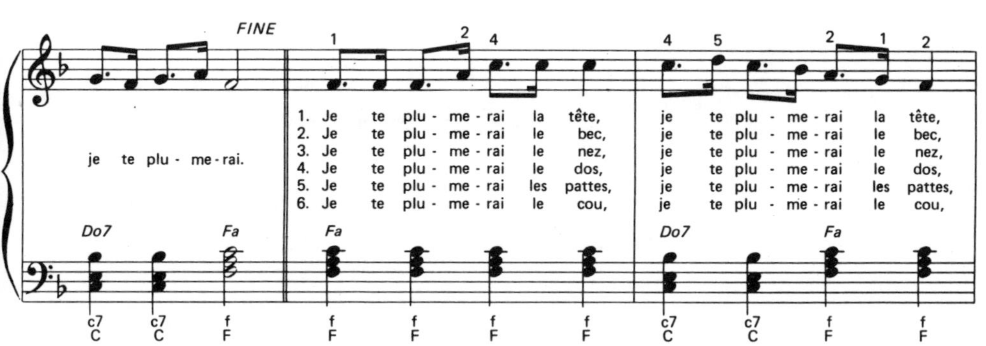

Polka

aus der Operette «Die Fledermaus»

(O je, o je, wie rührt mich das)

La Sorella

Paso-doble (Allegro)

TRADITIONAL

Tschau – Tschau – Tschau

Ciao, Ciao, Ciao

Tempo di Marcia

TRADITIONAL

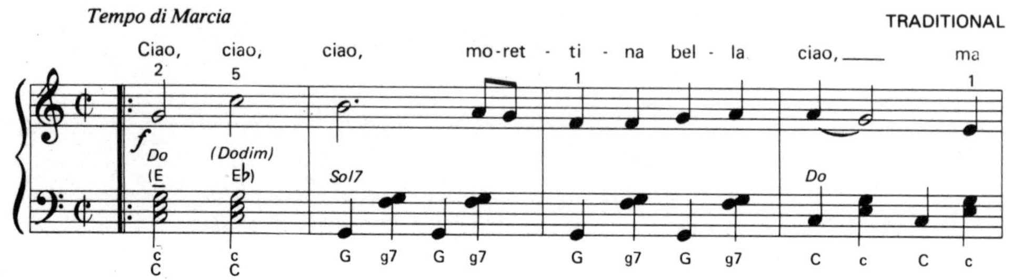

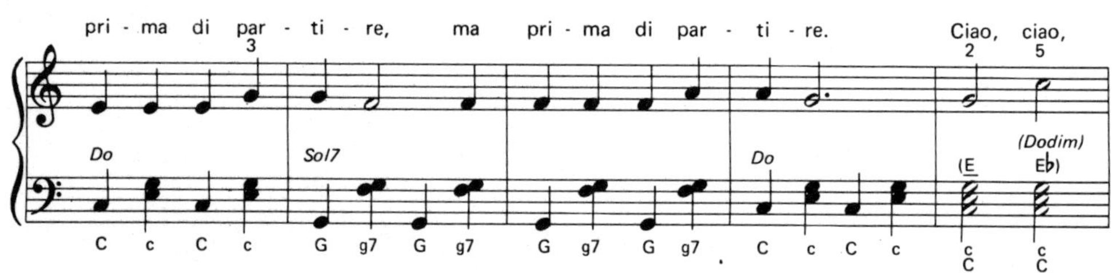

Interpreten: Harry Belafonte, Joan Baez, Sandpipers, Lonnie Donegan u. a.

Michael, Row The Boat

Kleine Notenlehre

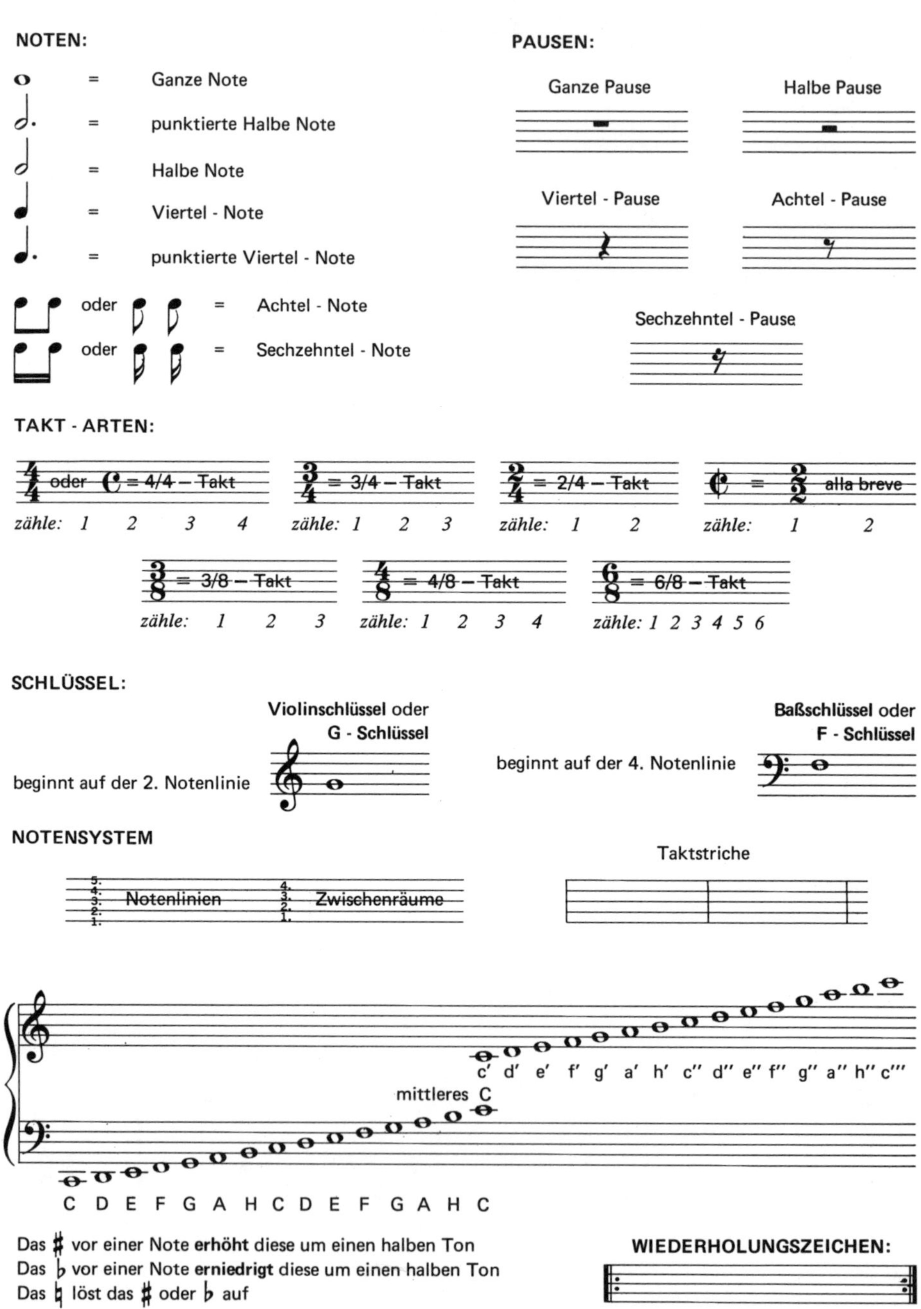

FERMATE:

Ruhepunkt

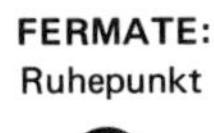

STACCATO:

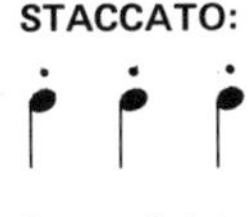

kurzes Spiel

LEGATO:

gebundenes Spiel

MARCATO:

betontes Spiel

HALTEBOGEN:

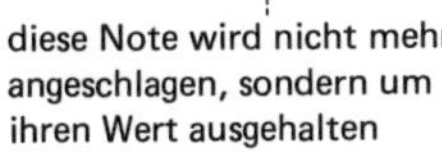

diese Note wird nicht mehr angeschlagen, sondern um ihren Wert ausgehalten

DER AUFTAKT:

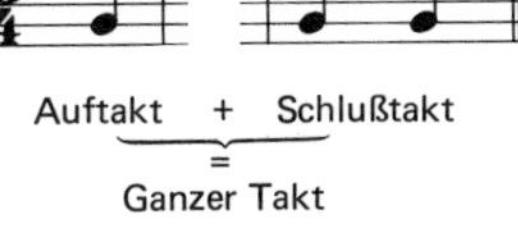

Auftakt + Schlußtakt = Ganzer Takt

TRIOLEN:

TONABSTÄNDE oder **INTERVALLE:**

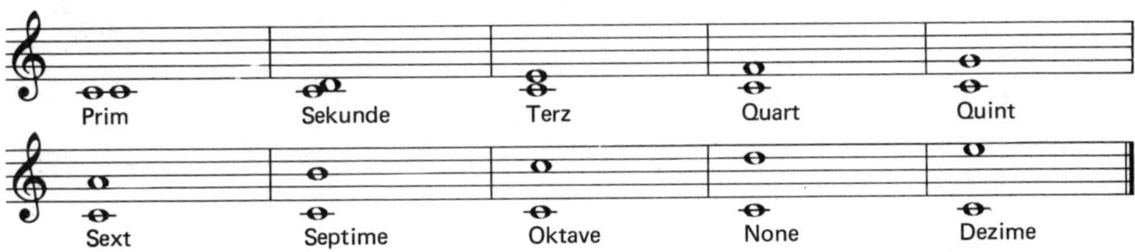

TONARTEN:

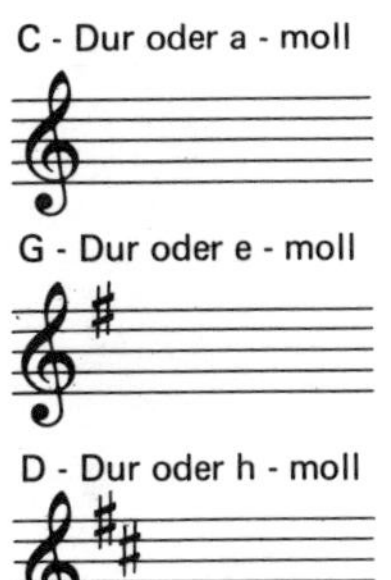

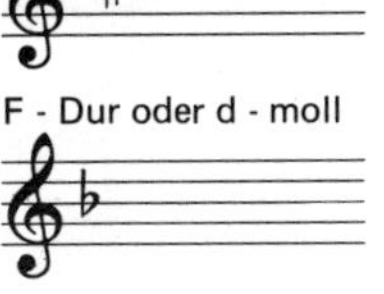

TEMPOBEZEICHNUNGEN:

Lento	=	langsam
Largo	=	breit
Adagio	=	langsam, gehend
Andante	=	gehend
Moderato	=	mäßig
Allegretto	=	etwas rasch
Allegro	=	rasch, lebhaft
Vivace	=	lebhaft
Presto	=	schnell

ritardando	=	langsamer werden
accelerando	=	schneller werden

LAUTSTÄRKEN:

pp	=	*pianissimo*	=	sehr leise
p	=	*piano*	=	leise
mp	=	*mezzopiano*	=	halbleise
mf	=	*mezzoforte*	=	halblaut
f	=	*forte*	=	laut (stark)
ff	=	*fortissimo*	=	sehr laut (sehr stark)

crescendo	<	=	stärker werden
decrescendo	>	=	schwächer werden

D.C. al FINE = von Anfang bis Ende

Romanze

aus der Serenade «Eine kleine Nachtmusik»
Petite sérénade nocturne – Little Night Music
KV 525

WOLFGANG AMADEUS MOZART
(1756– 1791)

Doch im Wald, da sind die Räuber

Interpreten: Glenn Miller, Heino u. a.

Londonderry Air

Gavotte

F. J. GOSSEC
(1734–1829)

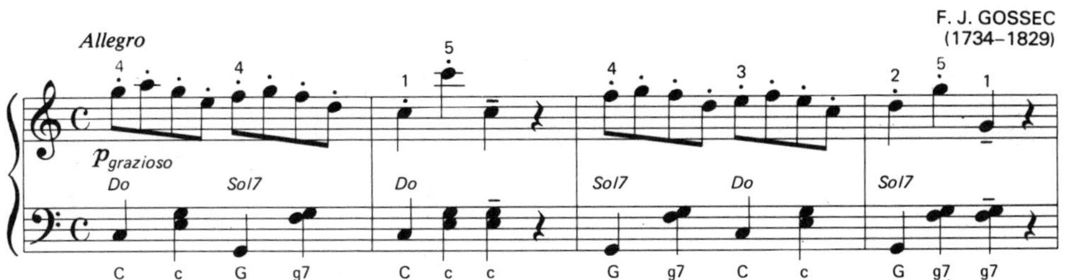

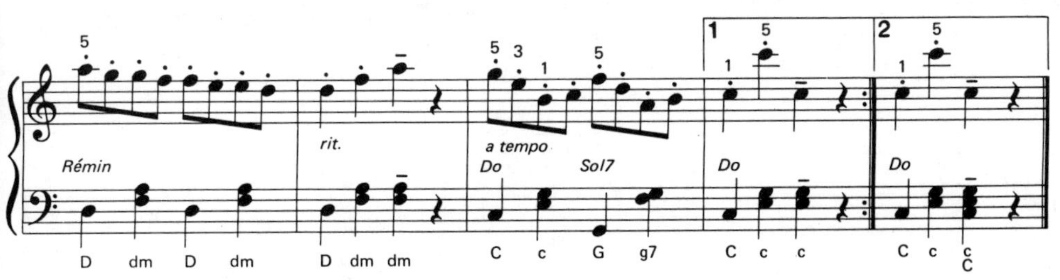

Interpret: Elvis Presley u. a.

I Was Born About Ten Thousand Years Ago

TRADITIONAL

Interpreten: Grace Bumbry, Rudolf Schock, René Kollo u. a.

Wer uns getraut?

aus der Operette «Der Zigeunerbaron»

Es geht nichts über die Gemütlichkeit

TRADITIONAL

Comedian Polka

MEL TROLLY

Der alte Peter

Le vieux Pièrre / The Old Peter

Walzerlied

Tempo di Valse

TRADITIONAL

Interpret: Los Paraguayos u. a.

La Raspa

Tempo di Raspa

FROM SOUTHERN AMERICA

Eurovision Theme

Fernseh-Signet

nach MARC-ANTOINE CHARPENTIER
(1636–1704)

Interpret: Rudolf Schock u. a.

Ach so fromm . . .

Arie aus der Oper – Air de l'opéra – Air from the Opera «Martha»

FRIEDRICH von FLOTOW (1812–1883)

RAGTIME FAVORITEN

Scott Joplin and His Biggest Ragtime Hits
Selected, Arranged and Edited
by Herwig Peychär.

Inhalt - Contents:
The Entertainer (A Ragtime Two Step) - The Sycamore (A Concert Rag) - Elite Syncopations (Rag) - Ragtime Dance (A Stoptime Two Step) - Solace (A Mexican Serenade) - Peacherine Rag (Rag) - Something Doing (A Ragtime Two Step) - The Favorite (A Ragtime Two Step) - Maple Leaf Rag (Rag)

PARIS MUSETTE

Freddy Balta et son accordéon

Inhalt - Contents:
Evolène (Scottish) - Le jardin aux pendules (Valse) - Elena (Mazurka) - Lorena (Valse) - Tiffany Fox (Fox) - La bonnarde (Polka) - Marina (Samba) - Treize étoiles (Marche) - Baltissimo (Jazz valse) - La chanterelle (Marche)

Herwig Peychär

BEKANNT - BELIEBT - BEGEHRT

Band/Vol. 1–8

Bekannte Melodien aus aller Welt für jedermann
in sehr leichter Bearbeitung für Akkordeon
Mélodies fameuses du monde entier pour tous
en arrangement facile pour accordéon
Famous Melodies Of the World in Easy Arrangements
For Everybody

Besetzung/Formation/Instrumentation:
Akkordeon I (Solo), Akkordeon II

Interpret: Heino u. a.

Hinaus in die Ferne

Tempo di Marcia

TRADITIONAL

Interpret: James Last und sein Orchester u. a.

Amboss-Polka

Polca des enclumes – Anvil-Polka

Interpret: Der Montanara - Chor u. a.

Tirol, Tirol, Tirol

Marschlied

TRADITIONAL

Tempo di Marcia

1. Ti - rol, Ti - rol, Ti - rol, du bist mein Hei - mat-land, weit ü - ber Berg und Tal, das Alp - horn schallt. Ti - rol, Ti - rol, Ti - rol, du bist mein Hei - mat-land, weit ü - ber Berg und Tal, das Alp - horn schallt.

2. Die Wol - ken zieh'n da - her, sie zieh'n weit ü - bers Meer, der Mensch lebt nur ein - mal und dann nicht mehr. Die Wol - ken zieh'n da - her, sie zieh'n weit ü - bers Meer, der Mensch lebt nur ein - mal und dann nicht mehr.

D.C.

Interpret: Alexandra u. a.

Taiga-Melodie

Taiga Mélodie / Taiga Melody
Lied und langsamer Walzer

English Waltz

TRADITIONAL

Mozart 40

Tempo di Foxtrot
p
Domin
Fa min
Sol7
C cm C cm C cm C cm C cm C cm F fm F fm G g7 G g7
Sol7
Domin
Sol7
Do min
Sol7
G g7 G g7 G g7 G g7 C cm C cm G g7 G g7 C cm C cm G g7 G q7
Do min
(La♭)
f
Sol Ré7
Sol Ré7
Sol Ré7
C cm C cm C cm C cm C cm C cm G g D d7 G g D d7 G g D d7
(A♭ a♭ A♭ a♭)
Sol
Domin
G G C cm C cm C cm C cm C cm C cm
Fa min
Si♭7
Mi♭
Sol7
F fm F fm B♭ b♭7 B♭ b♭7 B♭b♭7 B♭ b♭7 B♭ b♭7 B♭ b♭7 E♭ c♭ E♭ G g7 G g7
Domin
Sol7
Do min
Sol7
Do min
C cm C cm G g7 G g7 C cm C cm C cm G g7 cm C cm C cm C

Interpret: Hubert Deuringer u. a.

Vien sulla barchetta

Komm auf die Gondel

Tempo di Valse moderato

TRADITIONAL

Thema

aus der Oper «La Traviata»
Thème de l'opéra «La Traviata» / Theme From the Opera «La Traviata»

Interpreten: Ivan Rebroff, Don Kosaken Chor Serge Jaroff, James Last und sein Orchester u. a.

Kosaken-Parade

Parade des Cosaques — Parade Of the Cossacks

Tempo di Foxtrot

RUSSIAN TUNE

Interpret: Heino u. a.

I bin a Steirerbua

Tempo di Valse moderato

TRADITIONAL

ruhig

I bin a Stei - ra-bua und hab a Kern - na-tur, I mach ja gwiß ka Schand meim schö - na

mf

Sol Ré7

G g g D d7 d7 D d7 d7

Stei - ra - land. Denn in der Stei - er - mark, da san d'Leit groß und stark, san wia die

Sol Ré7

G g g G g g D d7 d7

lustig

Tan - na - baam, bei uns da - haam. Ri - a, ri - a, di - ri - di -

Ré7 Sol Sol Ré7

D d7 d7 G g G g g G g g D d7 d7

o, ri - a, ri - a, di - ri - di - o. Ri - a,

Ré7 Sol

D d7 d7 D d7 d7 D d7 d7 G g g G g g G g g

ri - a, di - ri - di - o, ri - a, ri - a, di - o.

Sol Ré7 Sol

G g g D d7 d7 D d7 d7 D d7 d7 D d7 d7 G g g g G

Fatanitza-Marsch

FRANZ v. SUPPÉ

Interpreten: Erika Pluhar, Hubert Deuringer u. a.

O du lieber Augustin

Walzerlied

Interpreten: Chris Barber, Helmut Zacharias, Andre Previn u. a.

The Entertainer

Ragtime-Tempo

SCOTT JOPLIN

mp
Do
Do
Fa
C c C C c C c C c C c F f F f
Do
Sol
Ré7
C c C c C c C c C c C c G g D d7
Sol7
Do
Fa
G g7 G g7 C c C c C c C c F f F f
Do
Fa
Do
Ré7
Sol7
C c C c F f F f C c C c D d7 G g7
mf
D.S.
al
Do
Do
Do
Sol7
Do
C c C C c C C c G g7 C C

Interpreten: Richard Clayderman, Helmut Zacharias u. a.

Albumblatt «Für Elise»

Album Leaf «For Elisa» / Feuille d'album «Pour Elise»

LUDWIG VAN BEETHOVEN
(1770—1827)

Tempo di Valse moderato

Interpret: Los Paraguayos u. a.

La Cucaracha

Lied und Samba

Interpreten: Ernst Mosch, Julius Herrmann - Die Original Hoch- und Deutschmeister u. a.

Radetzky-Marsch

Marche Radetzky / Radetzky March

Interpreten: Heino, Peter Alexander, Der Montanara - Chor, Beny Rehmann u. a.

Lustig ist das Zigeunerleben

Qu'elle est amusante, la vie de bohème – Bohemian Life Is Fun

Walzerlied

TRADITIONAL

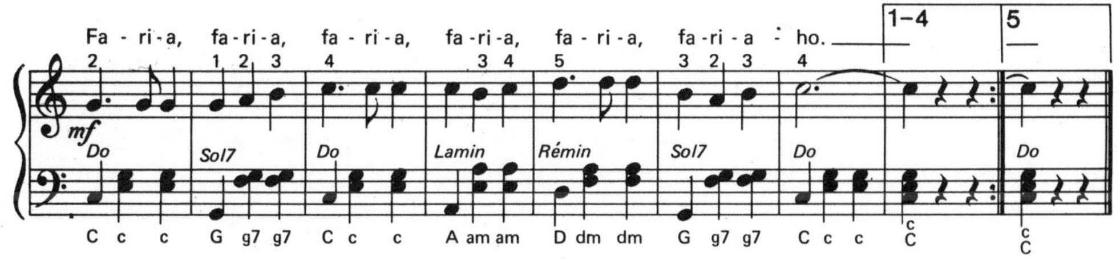

Interpret: James Last und sein Orchester u. a.

Der treue Husar

Le fidèle hussard – The Faithful Hussar

Marschlied

Tempo di Marcia TRADITIONAL

Interpreten: Elvis Presley, Big Bill Broonzey, Louis Armstrong, Chris Barber, Mahalia Jackson u. a.

Down By the Riverside

Am Ufer des Flusses – Près de la rivière

Tempo di Foxtrot

TRADITIONAL

 Interpreten: Rudolf Schock, Hermann Prey, Peter Schreier, Fischer Chöre, Wiener Sängerknaben u. a.

Ännchen von Tharau

Petite Anne de Tharau – Little Ann From Tharau

Interpreten: Rudolf Schock, Hermann Prey, Heino, René Kollo u. a.

Nun ade, du mein lieb' Heimatland

Marschlied

Interpreten: Joan Baez, Lonzo, Orchester Bert Kämpfert u. a.

Candlelight Waltz

Auld Lang Syne – Beim Kerzenlicht
Valse aux chandelles

Das Wandern ist des Müllers Lust

Interpret: Karel Gott u. a.

Donauwellen

Les ondes du Danube – Danube Waves

J. IVANOVICI

Tempo di Valse viennoise

Interpreten: Los Paraguayos, Lys Assia, Los Latinos u. a.

La Golondrina

Die Schwalbe – L'hirondelle – The Swallow

Tempo di Tango

NARCISO SERRADELL

Interpreten: Bing Crosby, The Drifters, Kenneth Spencer u. a.

Home On the Range

Daheim auf der Ranch – Chez moi, dans la prairie

Tempo di Valse moderato

TRADITIONAL

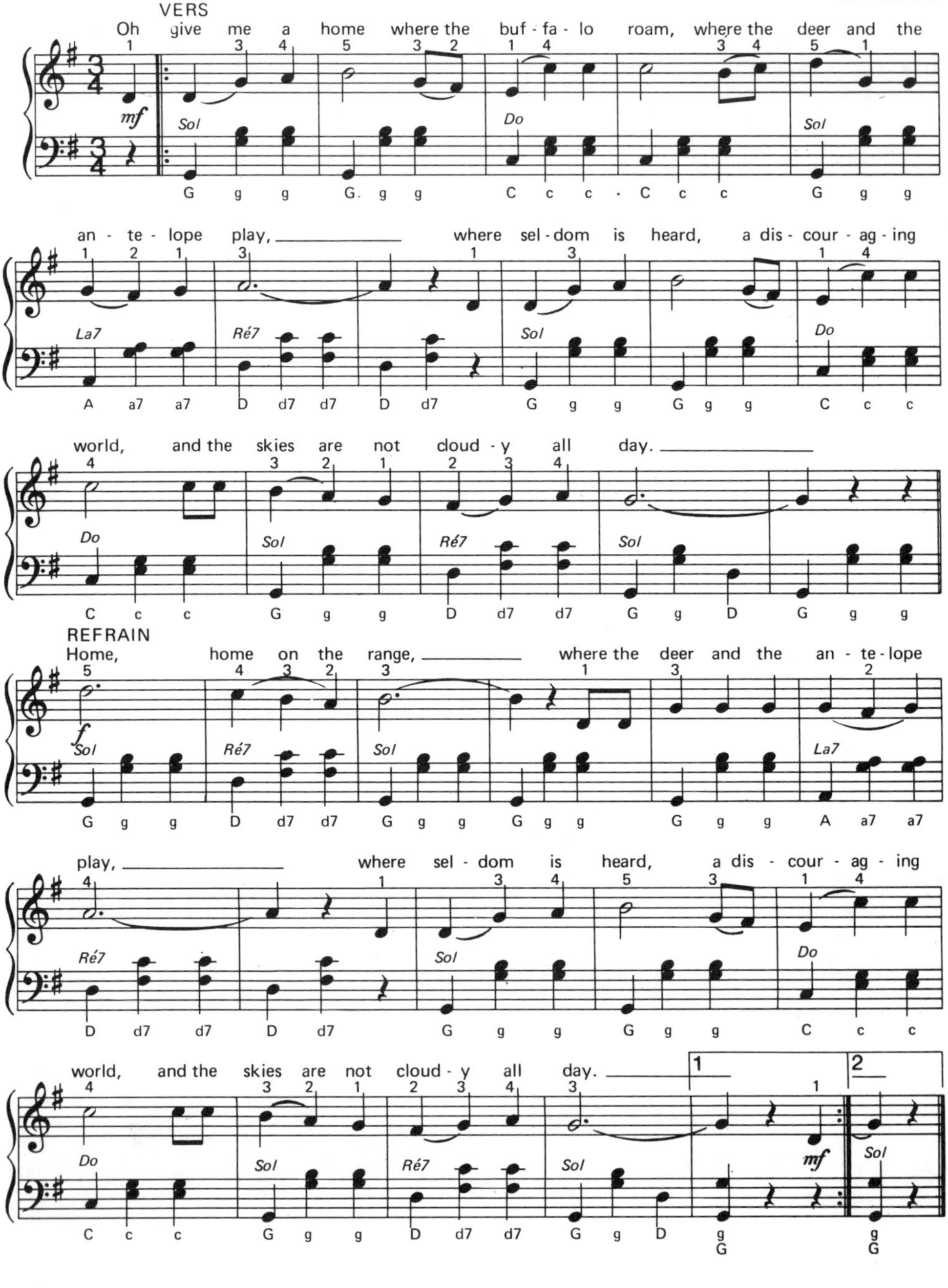
VERS
Oh give me a home where the buf - fa - lo roam, where the deer and the an - te - lope play, where sel - dom is heard, a dis - cour - ag - ing world, and the skies are not cloud - y all day.
REFRAIN
Home, home on the range, where the deer and the an - te - lope play, where sel - dom is heard, a dis - cour - ag - ing world, and the skies are not cloud - y all day.
mf
f
Sol
Do
La7
Ré7
G g g G. g g C c c · C c c G g g
A a7 a7 D d7 d7 D d7 G g g G g g C c c
C c c G g g D d7 d7 G g D G g g
G g g D d7 d7 G g g G g g G g g A a7 a7
D d7 d7 D d7 G g g G g g C c c
C c c G g g D d7 d7 G g D g G g G

Interpreten: Elvis Presley, Mitch Miller, Rommy Hilton u. a.

The Yellow Rose Of Texas

Die gelben Rosen von Texas – Les roses jaunes du Texas

Tempo di Foxtrot Lied und Foxtrot TRADITIONAL

Interpreten: Peter Alexander, Heino u. a.

Waldeslust

Les joies de la forêt – Forest Song

Walzerlied

Tempo di Valse

TRADITIONAL

Europa Hymn

LUDWIG VAN BEETHOVEN
(1770–1827)

Moderato

Menuett in F

Menuet en Fa / Minuet In F

Allegretto

WOLFGANG AMADEUS MOZART
(1756–1791)

Interpreten: Pete Seeger, José Feliciano, Sandpipers, Nana Mouskouri, Los Paraguayos, Trini Lopez u. a.

Guantanamera

Medium-Rock

TRADITIONAL

Interpreten: Herbert von Karajan und die Berliner Philharmoniker, Willi Boskovsky und die Wiener Philharmoniker, Anton Karas u. a.

An der schönen blauen Donau

Le beau Danube bleu – On the Beautiful Blue Danube

Wiener-Walzer – Valse viennoise – Vienna Waltz

Thema – Thème – Theme

Ré7
Sol
D d7 d7 D d7 d7 D d7 d7 D d7 d7 G g g G g g G g g
Sol
Ré7
Mimin
Lamin
G D d7 d7 D d7 d7 D d7 d7 D d7 d7 E em A am
Ré7
Sol
Sol
Sol7
D d7 d7 g G g G G g7 g7 G g7 g7 G g7 g7 G g7 g7
Do
Sol7
C c c C c c C c c C G g7 g7 G g7 g7 G g7 g7
Sol7
Do
Fa
Sol7
Do
Do
D.S. al
G g7 g7 C c c F f G g7 G c C c C
Do
c C c C c C c C c C c C c C c C

Interpreten: René Kollo, Rudolf Schock, Hermann Prey, Peter Schreier, Mireille Mathieu u. a.

Ach, wie ist's möglich dann

Interpret: Die Wiener Sängerknaben u. a.

Guter Mond, du gehst so stille

TRADITIONAL

Jesus bleibet meine Freude

Jesus Joy Of Man's Desiring

Choral aus der Kantate Nr. 147

JOHANN SEBASTIAN BACH (1685–1750)

Toreador

Auf in den Kampf, Torero!

Arie aus der Oper «Carmen»
de l'opéra «Carmen» – From the Opera «Carmen»

GEORGES BIZET
(1838–1875)

 Interpreten: Elvis Presley, Judy Collins, Nana Mouskouri, Mireille Mathieu, Marianne Faithfull u. a.

Plaisir d'amour

Liebesglück – The Joy Of Love

Text: J. P. FLORIAN
Musik: J. P. E. MARTINI

Tempo di English Waltz

Interpreten: Freddy Quinn, Hans Albers u. a.

Hamburg ist ein schönes Städtchen

Interpreten: Julia Migenes, Heino u. a.

Vo Luzern uf Weggis zue

Von Luzern auf Weggis zu – De Lucerne à Weggis
The Way From Lucerne to Weggis

Tempo di Valse

SWISS FOLKSONG

Interpreten: Bill Haley, Louis Armstrong, Harry Belafonte u. a.

When the Saints Go Marchin' In

Wenn die Heiligen einmarschieren – Quand les saints arrivent

Tempo di Foxtrot — Lied und Foxtrot — BLACK SPIRITUAL

Über den Wellen

Sur les ondes – On the Waves

Tempo di Valse

J. ROSAS

Tristesse

Lied ohne Worte

FRÉDERIC CHOPIN op. 10, Nr. 3

VOLUME 1

HERWIG PEYCHÄR

ACCORDION ULTRA EASY

THE BEST FOR THE RIGHT HAND ONLY.

The Happy Single Finger – Einfinger System

Included CD Soundtrax mit – with Denglish Infos
deutsch – english
Full Stereo Backing Tracks – without Accordion
Playbacks ohne Soloinstrument

Inhalt – Contents – Contenu: Lied ohne Worte – Sadness – Tristesse – (Frédéric François Chopin) – Europa Hymne – Europe Hymn – Hymne d'Europe (Ludwig van Beethoven) – Gloryland (Im Paradies – Le pays de la gloire) – Aloha Oë (Queen Liliuokalani) – Kosaken-Parade (Parade Of The Cossacks – Parade des cosaques) – Amazing Grace (Traditional Hymn) – Jingle Bells (Glockenklang – Tintement de cloches) – My Bonnie (Is Over The Ocean) – Oh, When The Saints Go Marchin'In (Wenn die Heiligen einmarschieren – Quand les saints arrivent) – Feierlicher Marsch – Celebration March (Georg Friedrich Handel) – Schneewalzer – Snow Waltz – Valse de la neige (Thomas Koschat) – Aura Lee – Menuett in G – Minuet In G Major – Menuet en Sol majeur (Johann Sebastian Bach) – Greensleeves – Good Night, Ladies (Gute Nacht, meine Damen – Bonne nuit, Mesdames) – Happy Birthday (Geburtstagslied)

ISBN: 3-309-00822-3
EMZ 2 107 737

EDITION MELODIE Anton Peterer • MUSIC AND BOOKS
Musik-Center Zürich Postfach 260 8049 Zürich Switzerland

Capriccio Italiano

Caprice Italienne / Italian Caprice

PETER TSCHAIKOWSKY
(1840–1893)

Interpret: Heino u. a.

Im grünen Walde

Lore, Lore, Lore

TRADITIONAL

För - sters Töchter - lein her - aus, des För - sters Töchterlein her - aus.
in das jun - ge Herz hin - ein, tief in das jun - ge Herz hin - ein.
Fa Do Sol7 Do
REFRAIN
1.-2. Lo - re, Lo - re, Lo - re, Lo - re, schön sind die Mäd - chen von sieb - zehn, achtzehn Jahr.
Do Fa Do
Lo - re, Lo - re, Lo - re, Lo - re, schö - ne Mäd - chen gibt es ü - ber - all. Und
Do Fa Sol7 Do
kommt der Früh - ling in das Tal, grüß mir die Lo - re noch ein - mal, a -
Rémin La7 Rémin Sol7 Do
de, a - de, a - de! Und de! 2. Der
Fa Sol7 Do Sol7 Do Do
FINE
D.S. al FINE

Hab' Mitleid

Ayez pitié de moi – Have Pity On Me

Russische Romanze

Interpreten: Rudolf Schock, Peter Schreier u. a.

Brautlied

«Treulich geführt»
aus der Oper «Lohengrin»

RICHARD WAGNER

Interpret: James Last und sein Orchester u. a.

Der Wilddieb

Le voleur sauvage / The Poacher

Walzerlied

Tempo di Valse

TRADITIONAL

There Is A Tavern In The Town

Sei nicht bös

aus der Operette «Der Obersteiger»

CARL ZELLER

Do
cresc.
Mi7
Lamin
Ré7
C c c C c c C c c E e7 e7 E e7 e7 A am am A am am D d7 d7
Ré7
Do
Sol7
Do
Do
D d7 d7 C c c C c c C c G g7 c C C c c
Do
Sol7
C c c C c c C c c G g7 g7 G g7 g7 G g7 g7 G g7 g7 G g7 g7
Sol7
Do
G g7 g7 G g7 g7 G g7 g7 C c c C c c C c c C c c C c c
Do
Mi7
Lamin
Ré7
Do
C c c E e7 e7 E e7 e7 A am am A am am D d7 d7 D d7 d7 C c c
Do
Sol7
Do
Sol7
Do
C c c C c G g7 c C g7 G c C

Interpreten: Rudolf Schock, Hermann Prey, Heino u. a.

Wem Gott will rechte Gunst erweisen

Eichendorff

Tempo di Marcia

F. T. FRÖHLICH

Tango Habañera

aus der Oper «Carmen»

de l'opéra «Carmen» — From the Opera «Carmen»

GEORGES BIZET
(1838–1875)

Interpreten: Heino, Der Montanara - Chor u. a.

Beim Kronenwirt

A l'auberge de la couronne – The King's Inn

Walzerlied

Tempo di Valse

TRADITIONAL

Beim Kro-nen-wirt, da ist heut' Ju-bel und Tanz, hei di-del-dei, di-del-dö, die Ka-thrin trägt heut' ih-ren hei-li-gen Kranz, hei-di-del-dei, di-del-dö. Die Mu-sik, die spielt und all's ju-belt und lacht, die Knö-del, die damp-fen, der Kro-nen-wirt lacht. Hei di-del ha ha ha ha, hei di-del ha ha ha ha. Hei di-del ha ha ha ha, hei di-del dö! 1 Beim 2

Interpreten: Peter Alexander, Heino u. a.

Jetzt trink'n ma noch a Flascherl Wein

Buvons encore un verre – Let's Drink Another Bottle Of Wine

Marschlied

Tempo di Marcia

CARL LORENZ

Interpreten: Anneliese Rothenberger, Rudolf Schock u. a.

Wie mein Ahnl zwanzig Jahr'

Walzerlied aus der Operette «Der Vogelhändler»

Tempo di Valse

CARL ZELLER

Happy Polka

Tempo di Polka
RAOUL DIXON
mf
Do Sol7
Do
Sol7 Do Sol7 Do Sol7 Do
Sol7 Do
FINE
f
Fa Si♭ Fa
Do7 Fa Do7 Fa Si♭
Fa Do7 Fa Do7 Fa
D.C. al FINE

Interpreten: Ivan Rebroff, Mantovani und sein Orchester u. a.

Barcarole

Gondellied – Venetian Boat Song

aus der Oper «Hoffmann's Erzählungen»

Tempo di Valse moderato

JACQUES OFFENBACH

Interpret: Die Minstrels u. a.

Grüezi wohl, Frau Stirnimaa!

Schweizer Stimmungsmarsch
Popular Swiss Hit

Interpret: Ivan Rebroff u. a.

Thema aus «Die Moldau»

Sinfonische Dichtung
Mein Vaterland Nr. 2

BEDŘICH SMETANA
(1824–1884)

Interpreten: Bing Crosby, John Denver, Kenny Rogers u. a.

Old Folks At Home

Swanee River – Negers Heimweh

Lied und Foxtrot

Tempo di Foxtrot

STEPHEN C. FOSTER

Interpreten: Hermann Prey, Kurt Böhme, Willy Schneider u. a.

Ach, ich hab'...

Walzerlied
aus der Operette «Der Bettelstudent»

CARL MILLÖCKER

This Old Man

Knick-Knack-Song

Nabucco-Chor

Chor der Gefangenen aus der Oper «Nabucco»

Tempo di Valse lento

GIUSEPPE VERDI
(1813–1901)

2
p
Do Sol7 Do Sol7
C c c G g7 g7 G g7 g7 C c c C c c G g7 g7
1
Sol7 Fa Do
G g7 g7 G g7 g7 G g7 g7 F f f C c c C c c
1
2
4 3 1-3 1
f Do Sol7 Do
C c c G g7 g7 C c c C c c C c c
5(4)
mf Do7 Famin Do
C c7 c7 C c7 c7 F fm fm F fm fm C c c C c c
mf Do
pp
Do7 Famin
C c c C c7 c7 C c7 c7 F fm fm
5
Famin Do f Do7
D.S. al FINE
F fm fm C c c C c c C c c C c7 c7

Tschiu - Tschiu - Tschiu

(Cíu, Cíu, Cíu)

Tempo di Foxtrot

TRADITIONAL

Interpreten: Rudolf Schock, Peter Alexander, Heino u. a.

Tief im Böhmerwald

Tempo di Valse

Au cœur de la forêt bohémienne – Deep In the Bohemian Woods

TRADITIONAL

VERSE

1. Tief in dem Böh - mer - wald, da liegt mein Hei - mat - ort, es ist gar lang schon her, daß ich von dort bin fort. Doch die Er - in - ne - rung, die bleibt mir stets ge - wiß, daß ich den Böh - mer - wald gar nie ver - giß.

2. O hol - de Kin - des - zeit, noch ein - mal kehr zu - rück, wo spie - lend ich ge - noß das al - ler - höch - ste Glück, wo ich am Va - ter - haus auf grü - ner Wie - se stand und weit - hin schau - te auf mein Va - ter - land.

REFRAIN

Es war im Böh - mer - wald, wo mei - ne Wie - ge stand, im
1. schö - - - - nen, grü - nen Böh - mer - wald, es
2. schö - - - - nen, grü - nen Wald.

D.C.

Interpreten: Lolita, Heino u. a.

Eine Seefahrt, die ist lustig

C'est amusant d'aller en bâteau – It Is Fun to Go Sailing

Marschlied

Interpret: Nella Martinetti u. a.

Bionda, bella bionda

Schönes blondes Mädchen – Ma belle blonde
Beautiful Blond Girl

Interpret: Los Paraguayos u. a.

La Bamba

fade out! (ausblenden!)

Walzer

aus der Ouverture «Dichter und Bauer»
Theme From the Ouverture «Poet And Paysan»

Interpret: Heino u. a.

Wir sind die Sänger vom Finsterwalde

Thema

aus dem Klavier-Konzert Nr. 1
Theme From the First Piano Concerto

Slowly

PETER I. TSCHAIKOWSKY

Interpreten: Joan Baez, Mahalia Jackson, Daliah Lavi u. a.

Nobody Knows the Trouble I've Seen

Interpreten: Rudolf Schock, Mario Lanza u. a.

Ach, wie so trügerisch ...

aus der Oper «Rigoletto»

GIUSEPPE VERDI

Interpreten: Herbert von Karajan und die Berliner Philharmoniker,
Julius Hermann - Die Original Hoch- und Deutschmeister u. a.

Wien bleibt Wien

Vienne reste Vienne – Good Old Vienna

Interpreten: The Beatles, Tony Sheridan, Heino, Lolita u. a.

My Bonnie

Walzerlied

Tempo di Valse

TRADITIONAL

Interpret: Boney M u. a.

Polly-Wolly Doodle

TRADITIONAL

Interpret: Ivan Rebroff u. a.

Im tiefen Keller

(Karl Müchler)

Trinklied – Chanson à boire – Drinking Song

LUDWIG FISCHER (1802)

Moderato

mf

1. Im tie - fen Kel - ler sitz' ich hier, bei ei - nem ___ Faß voll ___
2. plagt ein Dä - mon, Durst ge - nannt; doch um ___ ihn ___ zu ver -
3. lein, mein Durst ver - mehrt sich nur bei je - dem ___ vol - len ___

Re - ben, bin fro - hen Mut's und las - se mir vom
scheu - chen, nehm' ich mein Dek - kel - glas zur Hand und
Be - cher; das ist die lei - di - ge Na - tur der

Al - ler - be - sten ___ ge - ben. Der Kü - fer ___ zieht den
laß ___ mir ___ Rhein - wein ___ rei - chen. Die gan - ze ___ Welt er -
ech - ten ___ Rhein - wein - ze - cher. Doch tröst' ___ ich ___ mich, wenn

He - ber ___ voll, ge - hor - sam sei - nem ___ Win - ke, reicht mir das Glas, ich
scheint mir ___ nur in ro - sen - ro - ter ___ Schminke; ich könn - te nie - mand
ich ___ zu - letzt vom Faß zu Bo - den ___ sin - ke: ich ha - be kei - ne

halt's em - por und ___ trin - ke, ___ trin - ke, ___
Lei - des ___ tun, ich ___ trin - ke, ___ trin - ke, ___
Pflicht ver - letzt, ich ___ trin - ke, ___ trin - ke, ___

1. 2. trin - ke. 2. Mich
trin - ke. 3. Al -

3. trin - ke!

Interpret: Heino u. a.

Der Fremdenlegionär

Gefangen in maurischer Wüste

Le légionère étranger – The Foreign Legionary

Tempo di Valse

TRADITIONAL

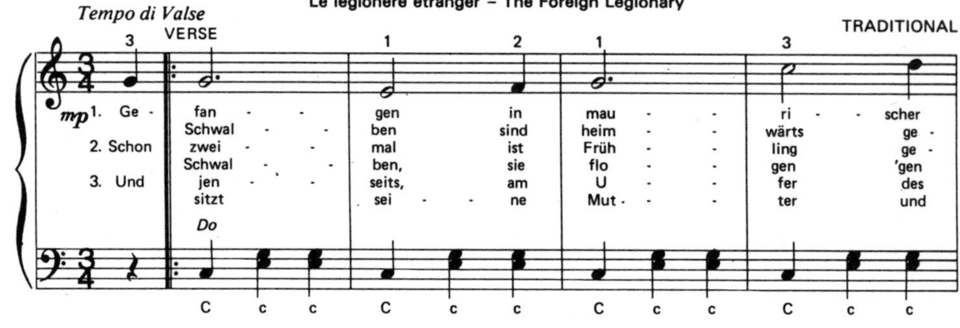

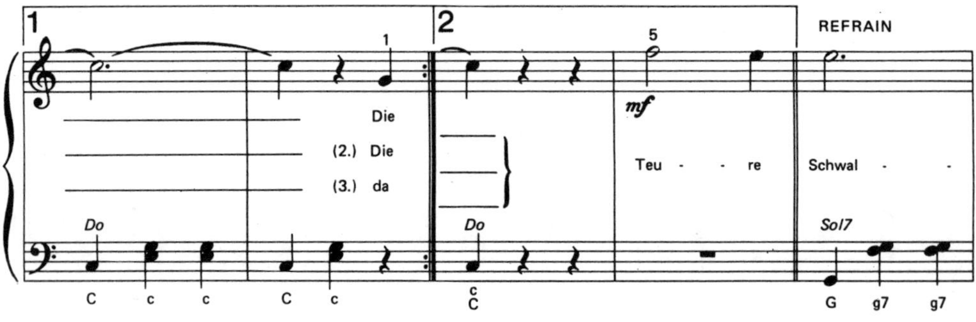

ben aus Frank - reichs grü - nen Au - en, die
ihr den Weg durch Sand und Wü - ste fand't, euch war ver - gönnt, ver - gönnt, die deut - sche Flur zu schau - en, bringt
mir ein'n Gruß aus fer - nem Hei - mat - land. Bringt mir ein'n Gruß, ein'n Gruß, aus fer - nem Hei - mat - land!
(frem - den Land.)
(frem - den Land!)
Sol7
Do
Fa
FINE
2x D.C. (con rep.) al FINE
G g7 g7
C c c
F f f

 Interpreten: Lale Andersen, Hans Albers, Freddy Quinn, Heino, Der Montanara - Chor u. a.

Heut' geht es an Bord

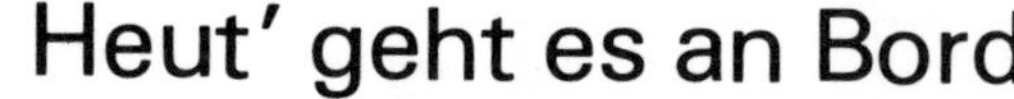

Seemannslied

Tempo di Marcia SEA SHANTY

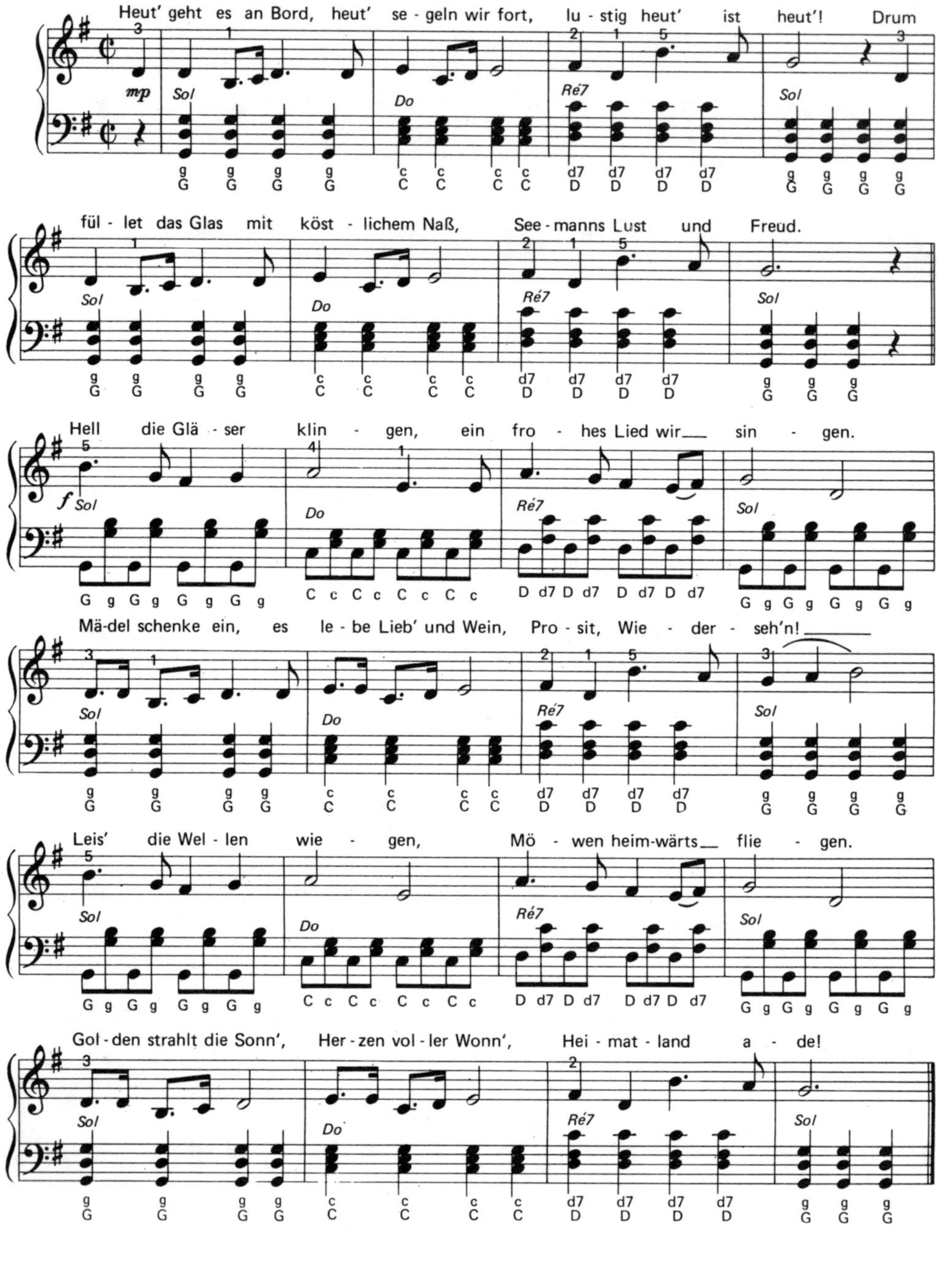
Heut' geht es an Bord, heut' se - geln wir fort, lu - stig heut' ist heut'! Drum
mp
Sol Do Ré7 Sol
fül - let das Glas mit köst - lichem Naß, See - manns Lust und Freud.
Sol Do Ré7 Sol
Hell die Glä - ser klin - gen, ein fro - hes Lied wir sin - gen.
f
Sol Do Ré7 Sol
Mä-del schenke ein, es le - be Lieb' und Wein, Pro - sit, Wie - der - seh'n!
Sol Do Ré7 Sol
Leis' die Wel - len wie - gen, Mö - wen heim-wärts flie - gen.
Sol Do Ré7 Sol
Gol - den strahlt die Sonn', Her - zen vol - ler Wonn', Hei - mat - land a - de!
Sol Do Ré7 Sol

Romanze

Burgalesa — Romance Antiguo

Pfeif-Rheinländer

Tempo di Polka-Rheinländer

JOSEF STRAUSS

Interpreten: Ivan Rebroff, James Last und sein Orchester u. a.

Stenka Rasin

Thema

aus der Ouverture «Wilhelm Tell»
Thème de l'ouverture «Guillaume Tell» / Theme From the Overture «William Tell»

Interpret: Heino u. a.

Geh'n mer mal rüber

Schunkelwalzer

Mutterliebe

Silver Threads Among the Gold

Lied und Foxtrot

H. P. DANKS

Vindobona

Wiener Walzer

Tempo di Valse viennoise

JOSEF SCHRAMMEL

Kotelett-Fox

La Chiapanecas

Tempo di Valse

TRADITIONAL

Zürcher Sechseläuten-Marsch

Alter Jägermarsch von 1813

Marche du Sechseläuten de Zurich – Zurich Sechseläuten March

TRADITIONAL

Hallelujah, I'm A Bum

Tempo di Valse moderato

TRADITIONAL

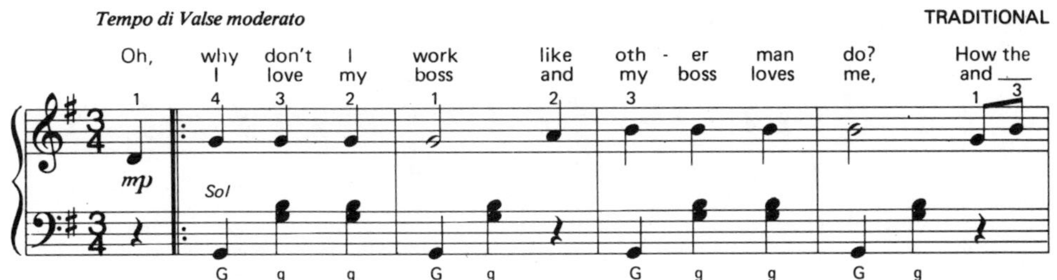

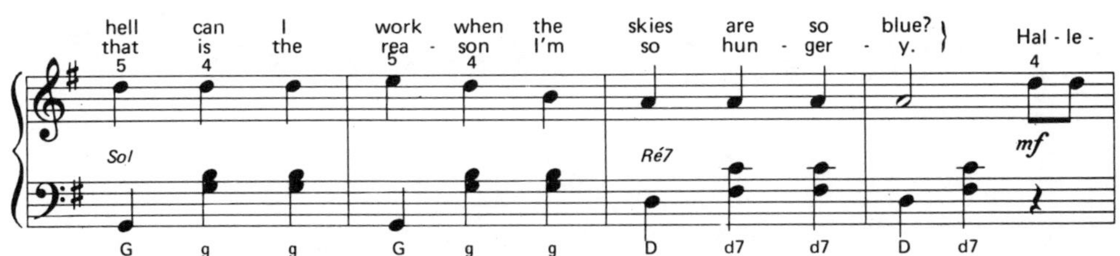

Interpreten: Hermann Prey, Fischer Chöre, Heino u. a.

Im schönsten Wiesengrunde

(Wilhelm Ganzhorn, um 1850)

Tempo di Marcia moderato TRADITIONAL

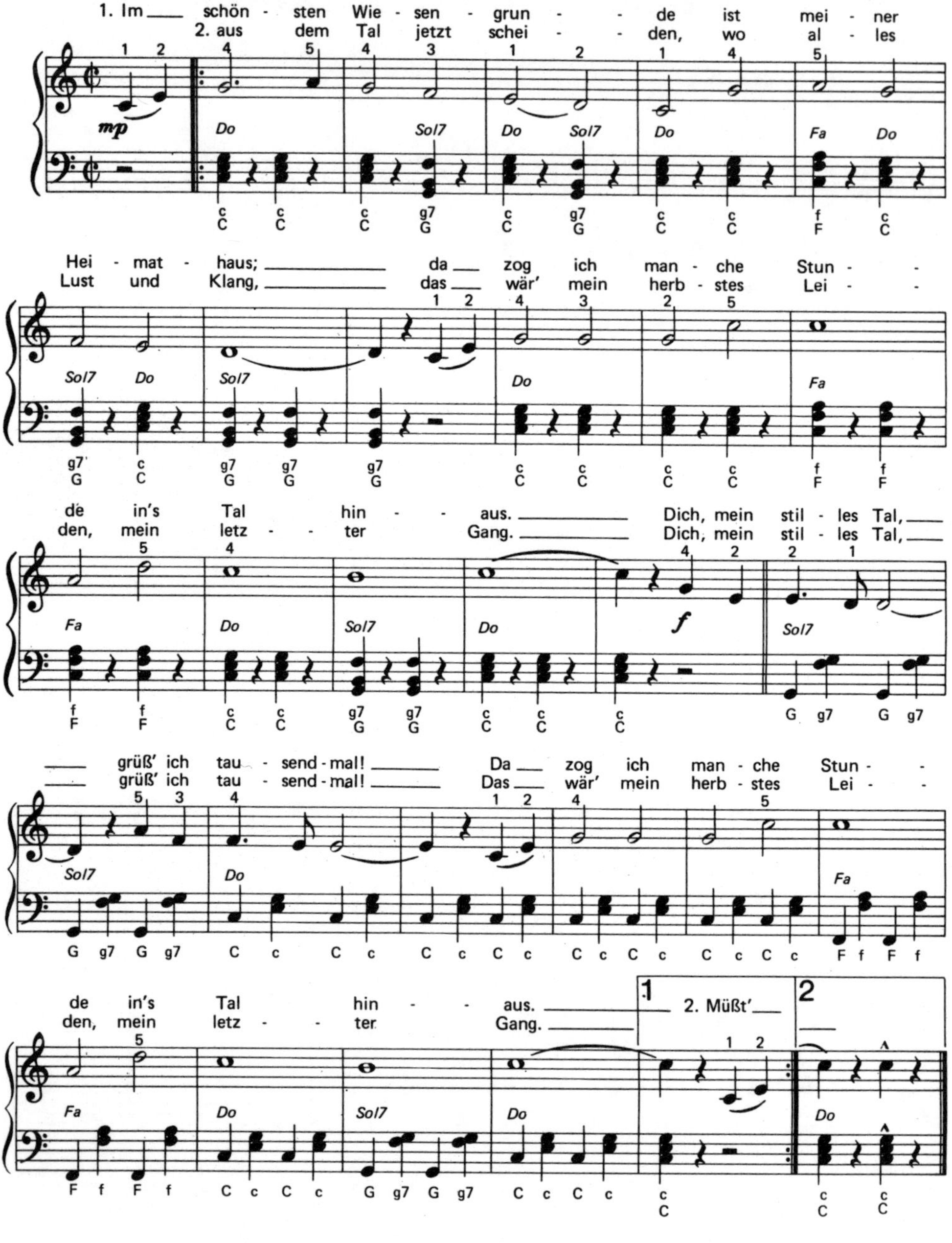
1. Im schön - sten Wie - sen - grun - - de ist mei - ner
2. aus dem Tal jetzt schei - - den, wo al - les
mp
Do Sol7 Do Sol7 Do Fa Do
Hei - mat - haus; da zog ich man - che Stun - -
Lust und Klang, das wär' mein herb - stes Lei - -
Sol7 Do Sol7 Do Fa
de in's Tal hin - - aus. Dich, mein stil - les Tal,
den, mein letz - - ter Gang. Dich, mein stil - les Tal,
Fa Do Sol7 Do Sol7
f
grüß' ich tau - send - mal! Da zog ich man - che Stun - -
grüß' ich tau - send - mal! Das wär' mein herb - stes Lei - -
Sol7 Do Fa
de in's Tal hin - - aus. 1 2. Müßt'
den, mein letz - - ter Gang. 2
Fa Do Sol7 Do Do

Thema

aus «Schatzwalzer»
(Ja, das alles auf Ehr!)

Tempo di Valse

JOHANN STRAUSS

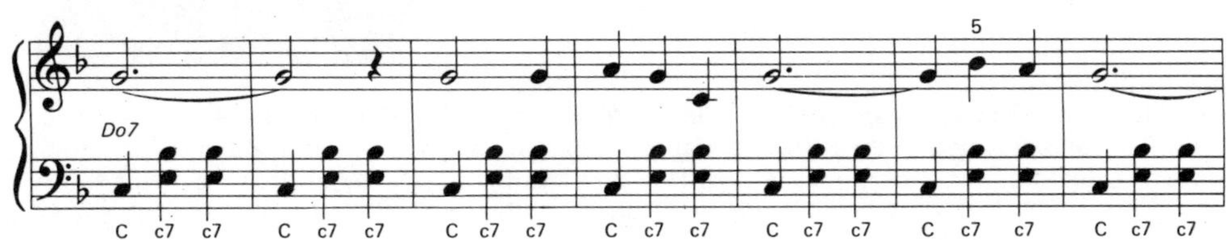

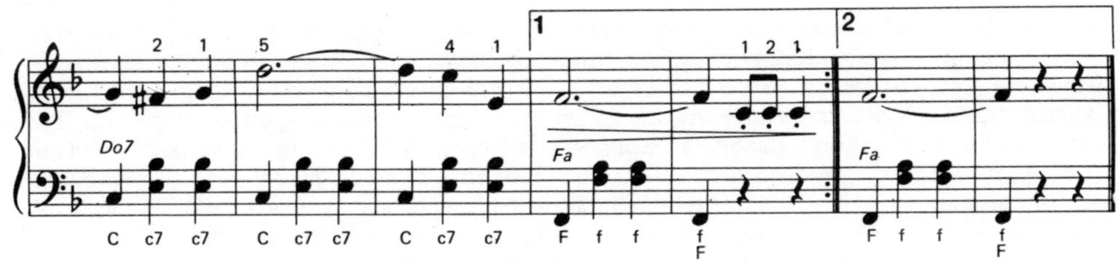

Herwig Peychaer

WEIHNACHTS-STERNE

Melodien zur Weihnachtszeit in leichtester Bearbeitung

Inhalt: Aba heidschi bumbeidschi — Alle Jahre wieder — Der Heiland ist geboren — Es ist ein Ros' entsprungen — Ihr Hirten, erwacht — Ihr Kinderlein kommet — Kling, Glöckchen, kling — Kommet, ihr Hirten — Lasst uns froh und munter sein — Leise rieselt der Schnee — Morgen kommt der Weihnachtsmann — O du fröhliche, o du selige — O Tannenbaum — Stille Nacht, heilige Nacht — Süsser die Glocken nie klingen — Vom Himmel hoch, da komm ich her

Heinz Dunker

WEIHNACHTEN MIT MEINEM AKKORDEON

Die bekanntesten Advents- und Weihnachtslieder in klangschöner Bearbeitung

Die Neubearbeitung dieser Weihnachtslieder eignet sich sowohl für Instrumente mit den üblichen Standardbässen, als auch für die neuartigen Instrumente mit Melodiebässen.

Inhalt: Alle Jahre wieder — Am Weihnachtsbaum die Lichter brennen — Deinen Frieden sende nieder — Der Christbaum ist der schönste Baum — Es ist ein Ros' entsprungen — Heiligste Nacht — Herbei, o ihr Gläubigen — Ihr Kinderlein kommet — Kling, Glöckchen, klingelingeling — Kommet ihr Hirten — Lasst uns das Kindlein wiegen — Lasst uns froh und munter sein — Leise rieselt der Schnee — Morgen, Kinder, wird's was geben — Nun singet und seid froh (In dulci jubilo) — O du fröhliche — O selige Nacht — O Tannenbaum, o Tannenbaum — Stille Nacht, heilige Nacht — Still, still, still — Süsser die Glocken nie klingen — Tochter Zion, freue dich — Vom Himmel hoch, da komm ich her — Vom Himmel hoch, o Englein kommt (Susani, susani) — Zu Bethlehem geboren

Interpret: Sepp Viellechner u. a.

Zillertal, du bist mei Freud

AUSTRIAN FOLKSONG

Interpreten: Joan Baez, Lee Patterson Singers u. a.

Kum Ba Ya

Interpreten: Hermann Prey, Peter Schreier u. a.

Du, du liegst mir im Herzen

Toi, tu es dans mon cœur – You, You Belong To My Heart

Walzerlied

TRADITIONAL

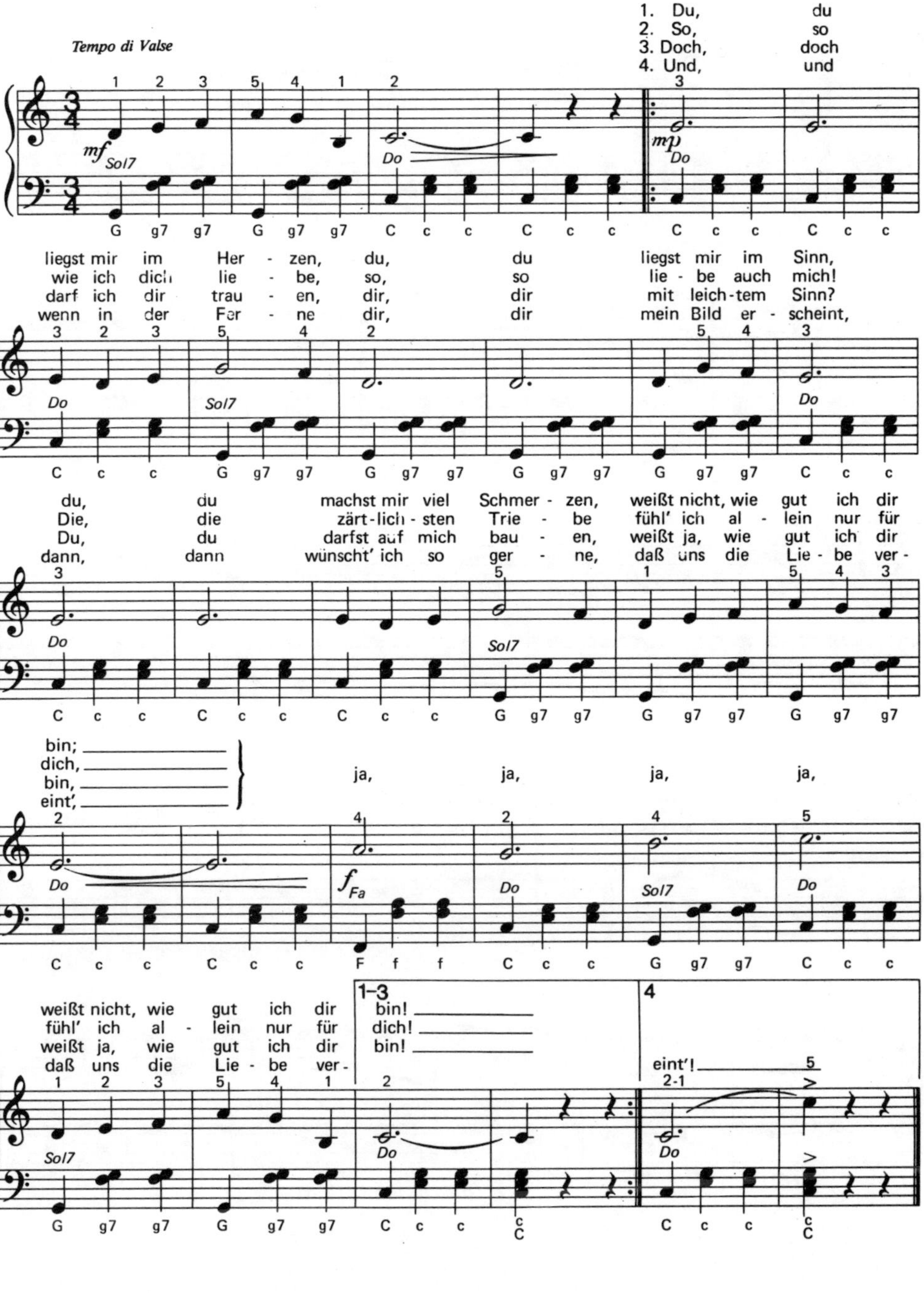

Tempo di Valse

1. Du, du
2. So, so
3. Doch, doch
4. Und, und

liegst mir im Her - zen, du, du liegst mir im Sinn,
wie ich dich lie - be, so, so lie - be auch mich!
darf ich dir trau - en, dir, dir mit leich - tem Sinn?
wenn in der Fer - ne dir, dir mein Bild er - scheint,

du, du machst mir viel Schmer - zen, weißt nicht, wie gut ich dir
Die, die zärt - lich - sten Trie - be fühl' ich al - lein nur für
Du, du darfst auf mich bau - en, weißt ja, wie gut ich dir
dann, dann wünscht' ich so ger - ne, daß uns die Lie - be ver -

bin;
dich,
bin,
eint',

ja, ja, ja, ja,

weißt nicht, wie gut ich dir
fühl' ich al - lein nur für
weißt ja, wie gut ich dir
daß uns die Lie - be ver -

1–3
bin!
dich!
bin!

4
eint'!

Golden Polka

Era un bel lunedi

Es war ein schöner Montag – C'était un beau lundi
It Was A Nice Monday

Tempo di Valse

SWISS FOLKSONG

Ach, Schatz, mein Schatz

Tempo di Marcia Marschlied TRADITIONAL

Interpreten: Trini Lopez, Mr. Acker Bilk, Roberto Delgado u. a.

Cielito lindo

Schöner Himmel – Joli ciel
Beautiful Sky

Tempo di Valse

C. FERNANDEZ

Interpret: Dave Brubeck u. a.

Camptown Races

Doodah! Doodah!
Lied und Foxtrot

STEPHEN C. FOSTER

Interpreten: Mario Lanza, René Kollo, Hermann Prey u. a.

Vieni sul mar

Komm auf's Meer! – Viens sur mer!
Come On the Sea!

Interpreten: Ivan Rebroff, Peter Alexander u. a.

Katjuscha

Interpret: Johnny Cash u. a.

Juppi ei...

Tempo di Marcia

She'll be comin' 'round the mountain

TRADITIONAL

Interpreten: Hermann Prey, Mireille Mathieu, Fischer Chöre, Heino u. a.

Horch, was kommt von draussen rein

Marschlied

Interpreten: Mahalia Jackson, Elvis Presley, Judy Collins, Rod Stewart, Nana Mouskouri, Janis Joplin, James Last und sein Orchester, Günter Noris, The Les Humphries Singers, Ivan Rebroff, Helmut Zacharias u. a.

Amazing Grace

Interpret: Rudolf Schock u. a.

Die Ehre Gottes aus der Natur

Die Himmel rühmen . . .
Christian Fürchtegott Gellert

trägt der Him - mel un - zähl - ba - re Ster - ne? Wer
Mi♭ Sol7
e♭ E♭ e♭ E♭ e♭ E♭ e♭ E♭ g7 G g7 G g7 G g7 G
führt die Sonn' aus ih - rem Zelt? Sie
Domin Sol7
cm C cm C cm C cm C g7 G g7 G g7 G g7 G
kommt und leuch - tet und lacht uns von fer - ne und
Do Sol
c C c C c C c C c C c C g7 G
läuft den Weg gleich als ein Held, und
cresc.
Sol7 Do Sol7 Do
g7 G g7 G g7 G c C g7 G c C
läuft den Weg gleich als ein Held
La Rémin Do Sol7 Do
a7 A dm D c C g7 G c C

Interpreten: Mireille Mathieu, Lale Andersen, Coro Cortina u. a.

Auprès de ma blonde

Bei meinem Mädchen – Near My Blonde

Marschlied

TRADITIONAL

Tiritomba

Lied und Foxtrot

TRADITIONAL
Deutscher Text: JANE PETERER

Tempo di Foxtrot

VERSE

Ster- ne leuch- ten ü - ber un - ser Land hin, und er - hel - len Feld und Wie- sen. Hand in
(2.) muß ich dich für lan - ge Zeit ver - las - sen; ruft die Pflicht mich in die Fer - ne. Ü - bers

Fa Do7 Fa
F f F f F f F f C c7 C c7 F f F f

REFRAIN

Interpret: Herbert von Karajan und die Berliner Philharmoniker u. a.

Aufforderung zum Tanz

L'invitation à la valse – Invitation to the Dance

Thema – Thème – Theme

Tempo di Valse

CARL MARIA von WEBER
(1786–1826)

Ay! Ay! Ay!

Tango-Serenade

OSMAN PEREZ FREIRE

Interpret: Richard Clayderman u. a.

Liebestraum

Rêve d'amour / Dream Of Love

Interpreten: Herbert von Karajan und die Berliner Philharmoniker,
Hoch- und Deutschmeisterkapelle Julius Herrmann u. a.

Unter dem Doppel-Adler

Sous l'aigle impérial – Under the Double Eagle

On Top of Old Smoky

Walzerlied

Tempo di Valse

TRADITIONAL

Interpreten: Heino, Tony Marshall u. a.

In einem Polenstädtchen

Marschlied

Interpret: Hermann Prey u. a.

Behüt' dich Gott, es wär' zu schön gewesen

Jung Werners Abschiedslied

aus der Oper «Der Trompeter von Säckingen»
Joseph Victor Scheffel

VICTOR E. NESSLER

Interpreten: Jerry Lee Lewis, Kenneth Spencer, Glenn Miller u. a.

Old Black Joe

Lied und Foxtrot

Tempo di Foxtrot

STEPHEN C. FOSTER

Interpreten: Ivan Rebroff, Karel Gott, Peter Alexander, Fischer Chöre,
Don Kosaken Chor Serge Jaroff u. a.

Kalinka

Tiroler Holzhacker-Buab'n

Tiroler Stimmungsmarsch

Marche des bûcherons tyroliens — Tyrolese Woodmen's March

J. F. WAGNER

Interpreten: Lale Andersen, Freddy, Heino, Lolita u. a.

Rolling Home

Seemannsweise

Interpreten: Julia Migenes, Mireille Mathieu, Hermann Prey, Die Wiener Sängerknaben u. a.

Weisst du, wieviel Sternlein stehen?

Lied und Foxtrot

TRADITIONAL

Interpret: Mireille Mathieu u. a.

Sur le pont d'Avignon

Auf der Brücke von Avignon – On the Avignon Bridge

Humoreske

Humoresque

Interpreten: Bob Dylan, Eric Burdon & The Animals, Joan Baez, Jimi Hendrix, Henry Mancini u. a.

The House Of the Rising Sun

TRADITIONAL

Tempo di Valse moderato

Interpreten: Willy Schneider, Peter Alexander u. a.

Lass' dir Zeit

Lied aus der Operette «Der Kellermeister»

CARL ZELLER

Interpreten: Johnny Cash, Lonnie Donegan, Jerry Lee Lewis, The Kingston Trio, Heino u. a.

Tom Dooley

Lied und Foxtrot

Tempo di Foxtrot

Frühlingslied

Chanson du printemps / Spring Song

FELIX MENDELSSOHN-BARTHOLDY
(1809–1847)

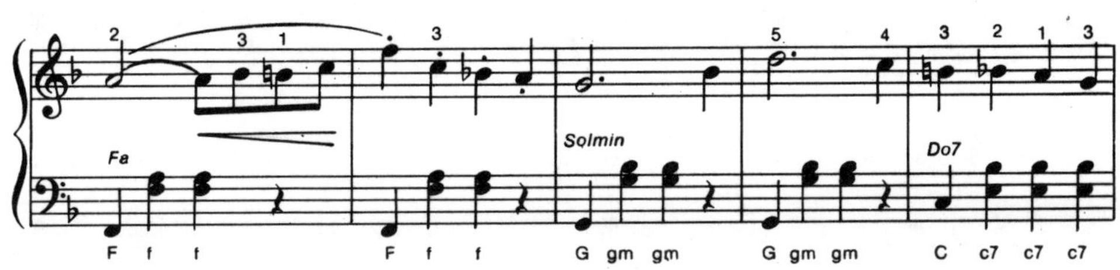

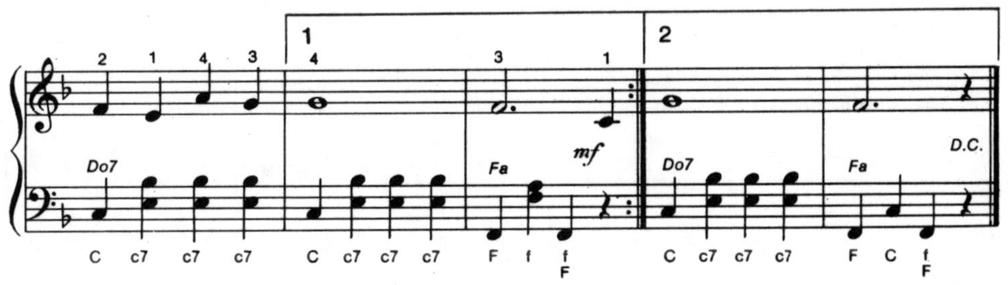

Interpreten: Elvis Presley, Rudolf Schock, Mireille Mathieu, Heino, Peter Alexander u. a.

Muss i denn...

Marschlied

Tempo di Marica

TRADITIONAL

Edited by Anton Peterer
Cover Design: Jack Säuberli
Engraving and Layout: Herwig Peychär – Walter Zwerger